짐벤트의 엽기 과학자 프래니

❷ 괴물 발명 따라잡기

게임북

놀라운 상상력을 지닌 꼬마 과학자
_____ 의 책입니다.

사파리

괴물 발명 100배 즐기기

프래니의 괴물 발명을 따라잡기에 앞서
몇 가지 준비물을 미리 챙겨 두면 더욱 좋아요.

✂ 가위와 풀

가위와 풀을 미리 준비해 두면, 더 쉽게 자르고 오리고 붙이며 놀 수 있어요.

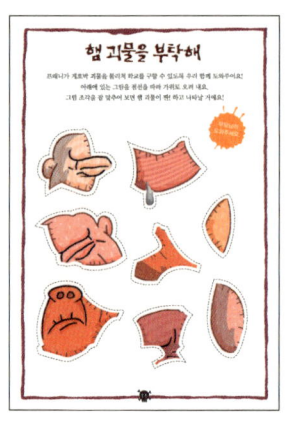

✏ 크레파스나 색연필

색연필이나 사인펜, 크레파스, 물감 등 여러분이 좋아하는 미술 재료를 준비해 마음껏 그림도 그려 보아요.

📚 프래니 시리즈

《엽기 과학자 프래니》 시리즈를 옆에 놓고 책을 찾아보면서 답을 적는 것도 좋은 방법이지요.

☺ 부모님이나 친구의 도움

여러분이 하기 어려운 세밀한 작업은 부모님의 도움을 받으면 좋을 거예요. 또 실험을 함께할 친구도 찾아보아요!

☺ 유머 감각

난센스 퀴즈를 풀기 위해서는 재치와 유머가 필요해요! 여러분의 유머 감각을 최대한 동원해 보아요.

더 재미있게 해 보아요.

★ 스티커로 괴물 만들기

책에 들어 있는 스티커로 괴물 얼굴을 만들어 보아요. 멋진 괴물이 탄생했다면 공책이나 필통에 붙여 놓아도 재미있겠죠?

프래니의 손에서 탄생한 괴물들

거대한 큐피드
이고르가 실수를 해서 밸런타인데이 카드에서 튀어나와 엄청나게 커져 버렸답니다. 마구마구 화살을 쏘아대요.

게호박 괴물
프래니가 버린 게살 만두 도시락에서 탄생한 괴물. 어마어마하게 크고 무섭게 생겼어요.

햄 괴물
프래니가 게호박 괴물을 물리치기 위해 만든 착한 괴물이에요.

코끼리 괴물
프래니가 코끼리 인형에 눈알을 그려 넣어 탄생한 괴물이랍니다.

두 배로 멍청한 로봇
프래니가 만들던 것을 친구들이 완성시켜 두 배로 멍청한 로봇이 탄생하고 말았지요.

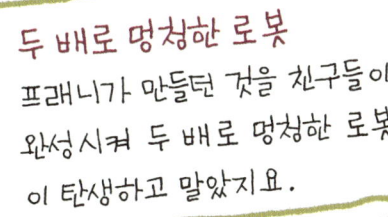

사람 잡아먹는 미라
고대 이집트를 공부할 때 만든 연구 작품. 미라가 수위 아저씨를 잡아먹었지만 프래니가 지퍼를 내려서 아저씨를 꺼내요.

오싹오싹 난센스 퀴즈 1

젖소가 가장 많이 맞는 매는?

젖소가 사는 동네의 이름은?

젖소가 적과 싸우다 졌을 때 하는 말은?

젖소들이 모여서 만든 응원단의 이름은?

정답은 63쪽에 있어요.

괴물 발명 1호

프래니처럼 괴물을 만들면 좋겠다고 생각한 적이 있나요?
이제 여러분이 원하는 괴물을 마음껏 상상해 보아요.
그리고 9쪽의 빈칸에 머릿속에 떠올린
괴상하고 끔찍한 괴물을 손으로 직접 그려 보아요.
아래에 있는 얼굴과 몸을 보고 그려도 좋아요.

엽기 과학 실험 1교시

걸쭉하고 끈적끈적하면서도 지독한 냄새가 나는 풀을 만들어 볼까요?
친구들과 장난치면 재미있을 거예요!

부모님이 도와주세요.

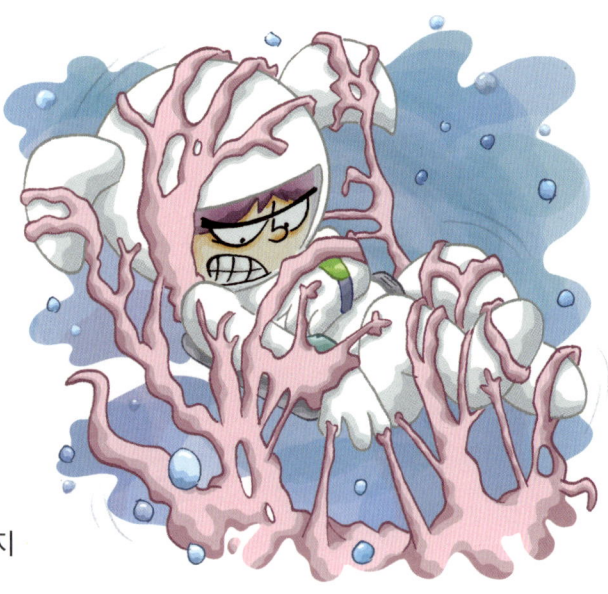

준비물
밀가루 2컵 반,
소금 1/2컵,
뜨거운 물 2컵,
기름 3큰 숟갈,
달지 않은 혼합 주스 가루 2봉지

잠깐!
준비물 가운데 구할 수 없는 것이 있다면 대신할 만한 비슷한 재료를 생각해 보아요. 훨씬 더 고약한 냄새가 나는 풀을 만들수록 더 재미있을 거예요.

 이렇게 해 보아요.

1. 바닥이 깊은 그릇에 준비한 밀가루, 소금, 주스 가루를 모두 부어요.
2. 뜨거운 물과 기름을 부어요. 뜨거운 물은 아주 조심해서 다뤄야 해요.
3. 숟가락으로 잘 저어요. 반죽이 공처럼 둥글둥글하게 뭉쳐질 때까지 열심히 저어야 해요. 젓는 게 아무리 힘들어도 포기하지 말아요.
4. 반죽을 차갑게 식힌 뒤 깨끗한 식탁이나 도마 위에 올려놓고 주물러 주어요. 부드러워지면 냄새 나는 풀 완성!
5. 풀을 가지고 어떻게 하면 친구들과 재미있게 놀 수 있을지 생각해 보아요.

햄 괴물을 부탁해

프래니가 게호박 괴물을 물리치고 학교를 구할 수 있게 우리 도와줄까요?
아래에 있는 그림을 점선을 따라 가위로 오려 내요.
그림 조각을 잘 맞추어 보면 햄 괴물이 짠 하고 나타날 거예요!

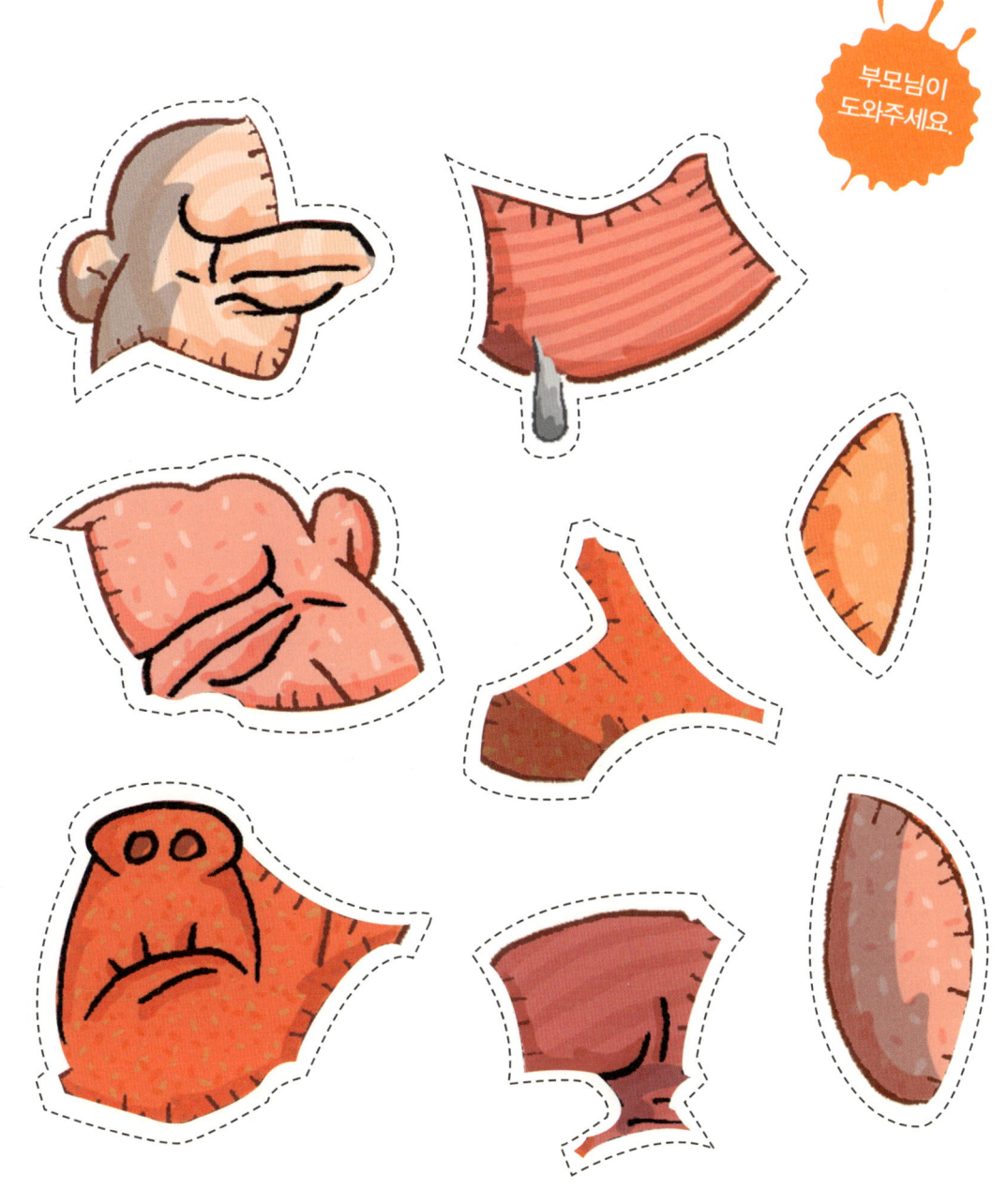

부모님이 도와주세요.

단어를 찾아라

프래니가 좋아하는 단어를 모아 놓았어요. 아래의
글자 퍼즐에서 각 단어를 찾아 동그라미로 표시해 보아요.
글자는 가로, 세로, 대각선 방향으로 찾아보아요.

타란툴라 독거미   옻나무   파리지옥풀
이고르   피라니아 물고기   박쥐
셀리 선생님   육식 코알라   눈알 뽑는 기계

자	기	영	나	거	리	획	선	표	사	배	통	잣
타	란	툴	라	독	거	미	합	받	포	라	니	아
거	따	외	준	평	객	체	장	유	닫	완	지	고
옻	육	석	셀	파	셀	오	라	니	고	르	아	터
나	갸	파	리	지	옥	풀	착	로	뒤	정	피	는
무	감	어	선	지	이	모	리	닫	얕	메	라	리
약	식	선	생	알	이	라	움	먀	킨	덕	니	물
눈	올	뽑	님	기	육	고	리	풀	마	차	아	술
십	육	견	숯	사	빠	식	라	옥	년	노	물	커
움	먀	식	킨	덕	배	표	코	고	디	프	고	맥
타	란	톨	이	라	고	기	눈	알	뽑	는	기	계
박	지	알	눈	고	뽑	는	기	랴	라	손	수	슨
육	속	박	쥐	기	르	꽁	별	박	자	커	맥	슨

정답은 63쪽에 있어요.

같은 그림 찾기 1

프래니가 특별한 괴물을 만들었어요. 비슷비슷해 보이는 괴물 속에서 똑같은 두 괴물을 찾아 동그라미로 표시해 보아요.

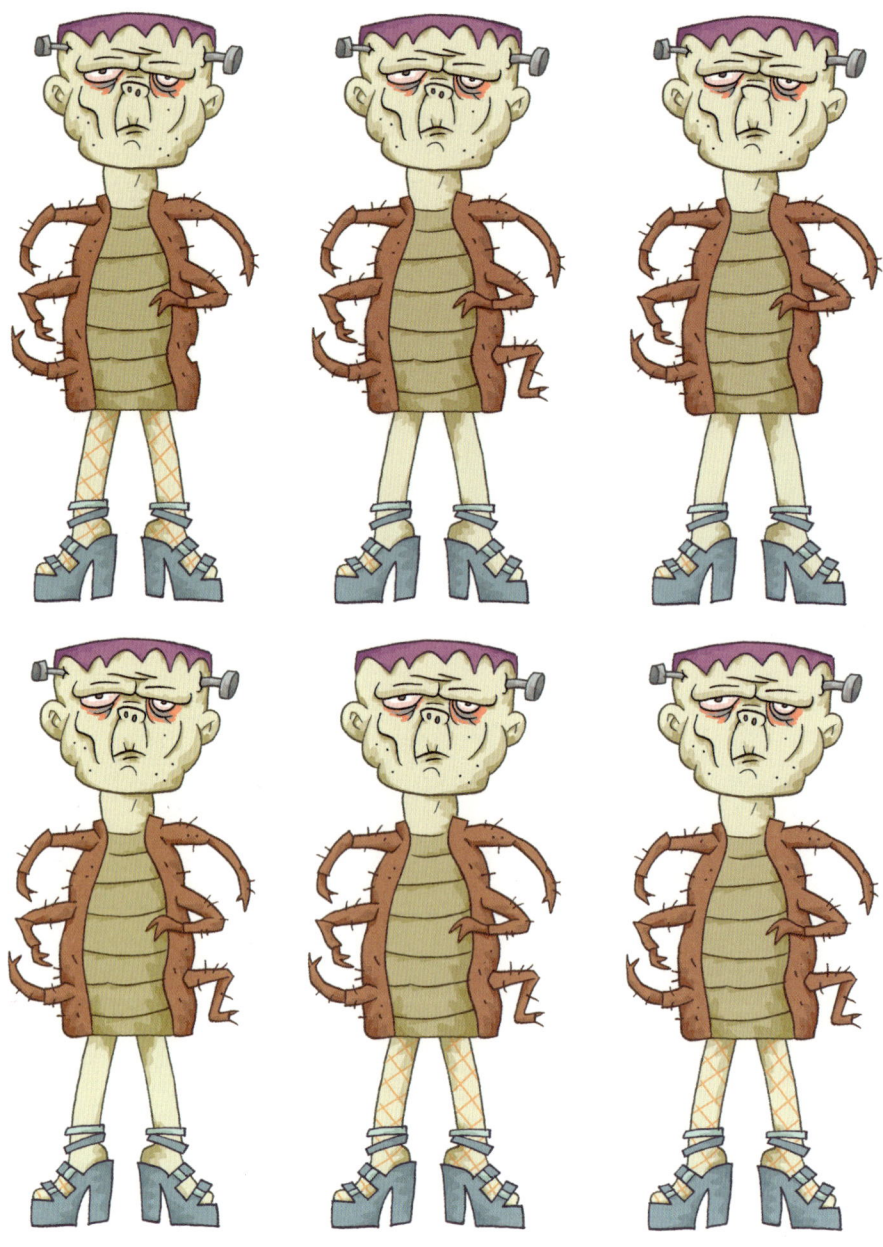

정답은 63쪽에 있어요.

단어 짜깁기 1

아래 문장에 있는 글자들을 사용해 새로운 단어를 만들어 보아요.

이고르가 지구 최후의 날 폭탄을 포도인 줄 알고 먹어 버렸어요.

정답은 64쪽에 있어요.

다른 그림 찾기 1

프래니가 큐피드와 결투를 벌이고 있어요.
두 그림을 자세히 살펴보면 6군데가 달라요.
다른 부분을 찾아 동그라미로 표시해 보아요.

정답은 64쪽에 있어요.

엽기 과학 실험 2교시

프래니는 '지구 최후의 날'이라는 폭탄을 찾기 위해
이고르의 콧속으로 들어갔어요.
이고르의 콧속에 잔뜩 있는 끈적끈적한 콧물을 한번 만들어 볼까요?

부모님이 도와주세요.

🔍 **준비물**

옥수수 녹말, 물,
녹색 식용색소

 **잠깐!**

준비물 가운데 구할 수 없는 것이 있다면 대신할 만한 비슷한 재료를 생각해 보아요. 더 미끌미끌하면서도 끈적끈적한 콧물을 만들 수 있으면 된답니다.

▶ **이렇게 해 보아요.**

1. 오목한 그릇에 옥수수 녹말 1컵을 부어요.
2. 물을 1컵 부어요.
3. 녹색 식용색소를 2숟갈 넣어요.
4. 손으로 잘 섞어요.
5. 좀 더 걸쭉하게 하고 싶으면 옥수수 녹말을 더 넣어요.
6. 진짜 콧물처럼 끈적끈적거리는 콧물 완성!

오싹오싹 난센스 퀴즈 2

거대한 괴물의 끈적끈적한 발가락 사이에 있는 것은?

끈적끈적한 괴물들 사이의 우정을 한마디로 표현하면?

끈적끈적한 괴물이 마라톤을 잘하는 이유는?

흡혈귀가 피를 빨아먹지 못하는 곳은?

정답은 64쪽에 있어요.

괴물 발명 2호

프래니가 새로운 상상의 괴물을 만들었어요.
여러분도 프래니가 시키는 방법에 따라
세상에서 가장 신기한 괴물을 만들어 보아요.

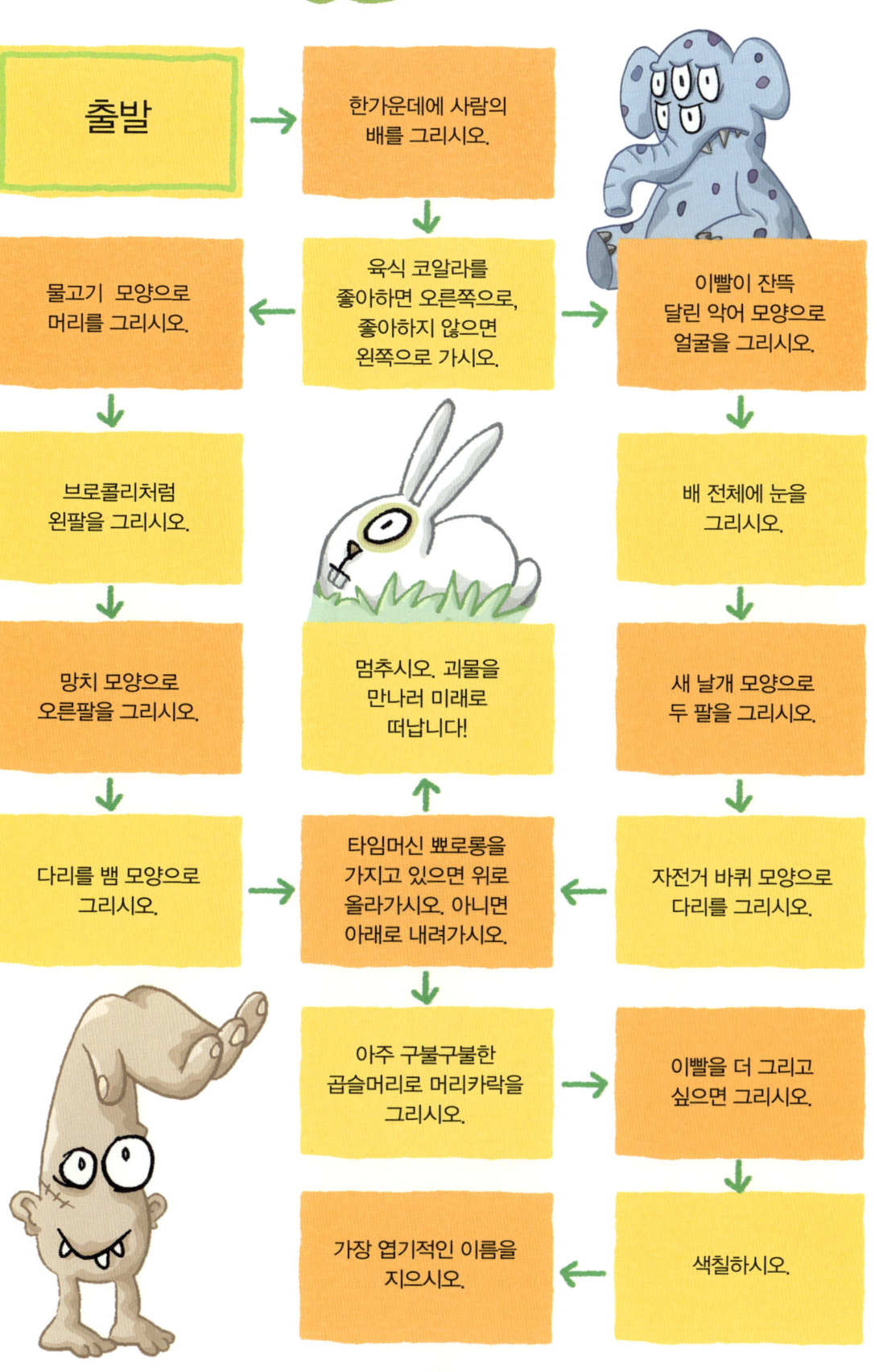

무시무시한 이야기 1탄

프래니가 학교에 가 보니 끔찍한 상황이 벌어졌어요.
아래 이야기를 읽고 여러분이 작가가 되어
그 뒤에 어떤 일이 일어날지 이야기를 이어 보아요.

어마어마하게 크고 무서운 괴물이 껌을 질겅질겅 씹으며 아이들 앞에 우뚝 서 있었어요. 괴물은 화가 난 듯 숨을 씩씩 몰아쉬었어요. 호박 머리에 몸통은 게처럼 생긴 데다, 발에 헌 운동화를 신은 괴물은 온몸에서 공업용 쓰레기 찌꺼기를 뚝뚝 떨어뜨리고 있었어요. 프래니는 괴물이 창문을 훌쩍 뛰어넘어 멀리 사라져 버리기를 바랐어요. 놀랍게도, 게호박 괴물은……

게호박 괴물이 어떻게 했을까요?
도시 전체를 엉망으로 만들었을까요?
목소리로 작동시키는 치즈 대포를 쏘았을까요?
야구공을 가지고 놀았을까요?

프래니는 어떻게 했을까요?
수술을 했을까요?
무중력 개 먹이를 먹었을까요?
땅콩버터와 젤리를 먹었을까요?

마음껏 상상력을 발휘해서 여러분만의 흥미진진한 이야기를 이어 보라고!

프래니의 신기한 머릿속

엽기 과학자 프래니가 어떤 생각을 하고 있는지 도무지 알 길이 없어요.
자, 우리가 프래니 머릿속으로 들어가 그 길을 직접 찾아볼까요?

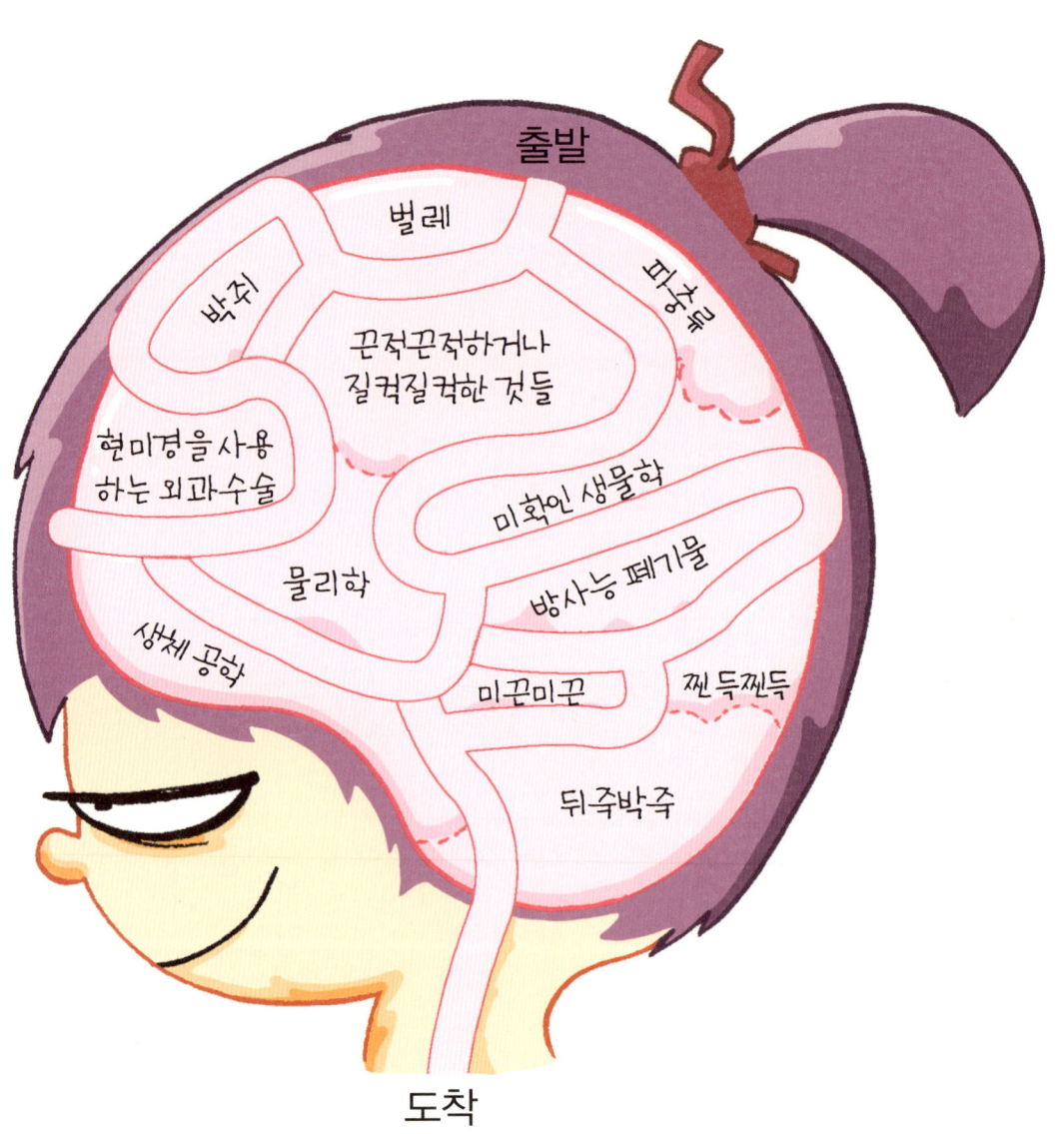

정답은 65쪽에 있어요.

암호를 풀어라 1

엽기 과학자 프래니가 자신이 가장 싫어하는 것을 암호로 적어 놓았어요.
프래니가 싫어하는 게 무엇인지 암호를 풀어 알아보아요.

정답은 65쪽에 있어요.

괴물 발명 3호

A에서 D까지 적힌 단어 가운데 마음에 드는 단어를 하나씩 골라 여러분만의 괴물 이름을 만들어 보아요. 그리고 오른쪽 빈 공간에 이름에 걸맞는 엽기적인 괴물을 그려 보아요.

A	B	C	D
머리가 두 개 달린	다리를 무는	군침	괴물
눈이 배에 달린	인형을 먹는	코딱지	드라큘라
머리카락이 긴	춤추는	악취	도깨비
눈이 세 개인	윙크하는	콧물	미라
발이 무지무지 큰	혀를 날름거리는	트림	귀신

_____   _____   _____   _____
   A   B   C   D

변신 괴물 만들기 1

꼬리가 긴 무지갯빛 유니콘과 코끼리 괴물은 몸의 한 부분을 바꿔서 변신 괴물이 되었어요. 그럼 둘의 몸 일부분을 서로 바꾸면 어떤 변신 괴물이 탄생할까요? 새롭게 탄생한 변신 괴물을 그려 보고 거기에 어울리는 이름도 지어 보아요!

괴물 이름: _____

프래니의 발명품을 찾아라

엽기 과학에 푹 빠져 있는 프래니가 만든
발명품들의 이름이 뒤죽박죽 섞여 있네요.
발명품들의 이름이 무엇인지 바로 잡아 적어 보아요.

설 뱀 린 뿌 탕

_____

티 도 치 고 팬 슴

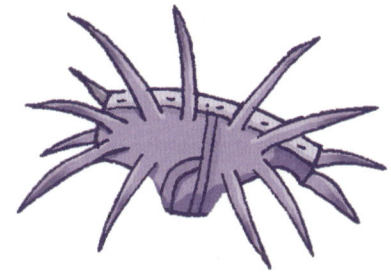

_____

로 콜 서 잡 먹 브 리 아 는 로

_____

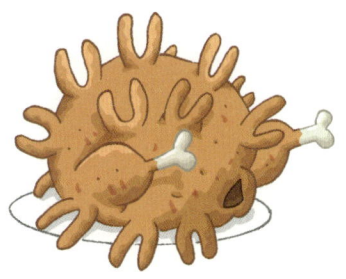

특 닭 가 뚝 기 수 힌 슴 잔 뼈 박 고

_____

정답은 65쪽에 있어요.

쓰레기 괴물 탄생

오래되었거나 쓰지 않아 버릴 물건들 가운데
쓰레기 괴물을 만들기에 적당할 물건을 부모님과 함께 찾아보아요.

종이 접시, 신문, 잡지, 오래된 플라스틱 용기, 실, 종이컵, 구슬, 깃털, 망가진 장난감, 헝겊 따위로 무시무시한 괴물을 만들어 보아요. 이음매는 풀이나 스테이플러로 연결해요.

부모님이 도와주세요.

물건들을 한데 모았으면, 어떤 괴물을 만들면 좋을지 생각해 보아요. 지금껏 보았던 괴물은 모두 잊어버리고 한 번도 본 적 없는 새로운 괴물을 만들어 보아요. 어렵다면 프래니가 만든 괴물을 살짝 참고해도 좋아요!

잠깐!

소름이 돋을 정도로 아주 이상하고 무서운 괴짜 괴물을 만들고 싶으면 머리나 팔, 눈을 원래 있던 곳이 아닌 다른 곳에 한 개 이상 달아야 해요.

여러분이 만든 쓰레기 괴물을 그림으로 그려 보아요!

괴물 발명품 목록

프래니는 자기가 만든 발명품을 늘 적어 놓는답니다.
그래야 만들었던 발명품을 또 만들지 않고 더 새로운 것들을 만들 수 있으니까요.
여러분도 지금까지 자신이 만들었던 괴물 발명품 목록을 적어 보아요.
그리고 앞으로 만들고 싶은 괴물 발명품 목록도 적어 보아요.

오싹오싹 난센스 퀴즈 3

괴물이 사는
집의 초인종
벨 소리는?

귀신이
공동묘지에 갔을 때
드는 기분은?

물은 물인데
무서워서 먹지
못하는 물은?

괴물이
무서워하는
나라는?

정답은 66쪽에 있어요.

놀라운 현미경 속 세상

엽기 과학자들은 현미경을 아주 좋아해요.
물론 두꺼비의 피부에 사는
괴상한 생물도 좋아하지요!
프래니가 현미경으로 본 자그마한
괴물들이 어떻게 생겼을지
원 안에 그려 보아요!

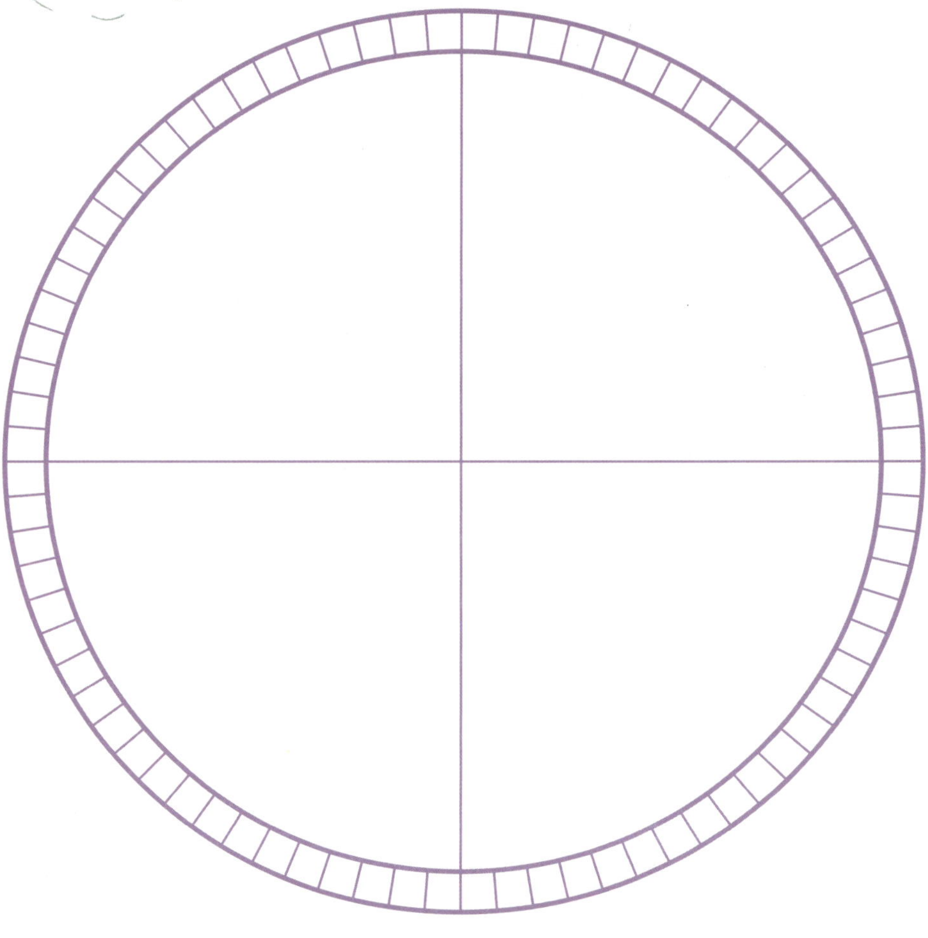

맞춤 괴물 배달 서비스

맞춤 괴물 배달 서비스 이벤트예요.
아래 질문에 대답하면 원하는 괴물을 만들 수 있어요.
마음에 꼭 드는 맞춤 괴물을 만들어 보아요.

★ 괴물이 물건을 어떻게 집기를 원하나요?
☐ 일반 손으로
☐ 가느다란 더듬이로
☐ 물건을 박살 낼 강력한 강철 손으로
☐ 기 타 :

★ 괴물이 어떤 성격이면 좋을까요?
☐ 처음 보는 사람에게도 친절한 성격
☐ 심술궂고 고약한 성격
☐ 제정신이 아닌 성격
☐ 기 타 :

★ 괴물이 어떻게 움직이길 바라나요?
☐ 바퀴로 굴러다니기   ☐ 콘크리트 벽을 뚫고 지나가기
☐ 통통 뛰어다니기   ☐ 기 타 :

★ 괴물에게 어떤 특별한 능력을 주고 싶나요?
☐ 마음을 꿰뚫어 보는 능력   ☐ 어디서나 길을 잘 찾는 능력
☐ 손금 볼 줄 아는 능력   ☐ 기 타 :

★ 괴물이 어떤 음식을 좋아하길 바라나요?
☐ 학교 건물   ☐ 브로콜리와 같은 야채
☐ 쓰레기   ☐ 기 타 :

괴물 발명 4호

프래니보다 더 멋진 괴물을 만들 수 있다고요? 오른쪽 빈 공간에
여러분이 상상한 괴물을 그려 보아요. 잘 떠오르지 않으면
아래 그림을 이용해 그려 넣어도 좋아요!

다른 그림 찾기 2

누군가 프래니의 방 안에 들어왔었나 봐요! 8군데가 달라졌네요.
여러분의 예리한 관찰력으로 달라진 곳을 모두 찾아보고
어디가 다른지 동그라미로 표시해 보아요.

정답은 66쪽에 있어요.

엽기 과학 실험 3교시

프래니가 좋아하는 거미를 만들어 보아요!

부모님이 도와주세요.

🔍 준비물
알루미늄 호일 조금,
플라스틱으로 된 곤충 눈알 또는
잡지에서 오린 곤충 눈알,
솜뭉치, 식용색소, 그릇,
공작용 접착제, 가위

📢 이렇게 해 보아요.

1. 호일을 너비 1센티미터, 길이 6센티미터짜리로 8개 잘라 놓아요.
2. 자른 호일을 하나씩 손가락으로 비벼 말아서 길쭉하게 만들어요.
3. 말아 둔 호일 가운데를 구부려서 거미 다리를 만들어요.
4. 솜뭉치를 동글동글하게 말아서 머리와 몸통을 만들어요.
5. 머리와 몸통을 접착제로 붙인 뒤, 머리에 곤충 눈알을 붙여요.
   괴물처럼 만들고 싶다면 몸이나 다리에 붙여도 좋아요.
6. 거미 몸에 호일로 만든 다리 8개를 접착제로 붙이고 완전히
   마를 때까지 기다려요.
7. 그릇에 식용색소를 붓고 물을 넣어 잘 녹여요.
8. 거미 다리를 양쪽으로 잡은 다음,
   색소를 푼 그릇에 거미 머리와 몸을
   조심스럽게 담가요.
9. 솜뭉치에 색깔이 잘 묻어나면 거미 완성!

✋ 잠깐!
구할 수 없는 준비물이 있으면 대신할 만한 비슷한 재료를 생각해 보아요. 오히려 더 멋진 거미를 만들지도 모르니까요!

괴물 발명 5호

끔찍하게 생겼지만 기가 막히게 맛있는 괴물 얼굴을 만들어 보아요!

🔍 준비물
작은 플라스틱 칼,
사과 1개,
바나나 저민 것, 말린 과일,
쫀득쫀득한 젤리나 캐러멜, 사탕, 팝콘,
초콜릿, 설탕 가루 등 맛있는 재료들

부모님이 도와주세요.

✏️ 이렇게 해 보아요.

1. 칼로 사과 표면에 눈과 입, 코 모양으로 구멍을 파 놓아요.
2. 여러 가지 맛있는 재료로 사과에 난 구멍을 채워 보아요.
   눈알은 사탕, 이빨은 팝콘, 코딱지는 과일로 채워 보면 어떨까요?
3. 달콤한 설탕 가루를 얼굴 전체에 뿌려요.
4. 남아 있는 재료로 머리카락이나 사마귀, 상처 등을 만들어 붙여요.
   얼굴이 못생기고 징그러울수록 멋진 괴물이랍니다.
5. 완성된 괴물에게 이름을 지어 주어요.
6. 냠냠 맛있게 괴물 얼굴을 먹어 치워요!

✋ 잠깐!
준비물 가운데 없는 것은 집에 있는 비슷한 재료를 이용해 만들어도 좋아요. 최대한 맛있는 괴물이 되도록 만들면 되니까요!

오싹오싹 난센스 퀴즈 4

해골 귀신이 내는 기침 소리는?

해골이 목욕탕에서 감자 팩을 하면?

해골 귀신이 치과를 가는 이유는?

해골 귀신이 사는 한 칸짜리 방은?

정답은 67쪽에 있어요.

암호를 풀어라 2

프래니의 방에는 정말이지 별난 것들이 많아요. 상자에는 꿈틀대는 뱀들이, 어항에는 날아다니는 식인 물고기 피라니아가 들어 있지요. 그럼 우리 안에는 무엇이 들어 있을까요? 암호를 풀어서 답을 알아보아요.

정답은 67쪽에 있어요.

변신 괴물 만들기 2

파리지옥풀과 식당 주방 아주머니의 몸 일부분을 서로 바꾸면 어떤 모습이 될까요? 새롭게 탄생한 변신 괴물을 그려 보고 거기에 어울리는 이름을 지어 보아요!

괴물 이름: _____

괴물 제조기

세상에서 가장 못생기고 흥미롭고 독특한
괴물을 만드는 제조기가 나왔어요. 한번 해 볼까요?

47쪽과 49쪽에 그려진 점선을 따라 조심스럽게 잘라요.
반드시 오른쪽에서 왼쪽으로 자르되, 그림 전체가
잘려 나가지 않도록 주의해야 해요! 자른 면을
앞뒤로 넘겨 보며 어떤 괴물이 더 특이한지 알아보아요.

부모님이 도와주세요.

프래니에게 보내는 편지 1

여러분이 프래니에게 편지를 쓴다면 어떤 말을 하고 싶나요?
아래 빈칸을 채워 편지를 완성해 보아요.

사랑하는 프래니에게

프래니, 안녕? 내 이름은 _____(이)야.

나도 너처럼 엽기 과학자가 되기로 했어. 그래서 _____ 에 내 실험실을 만들었단다. 내 조수는 동물 _____(으)로 정했는데, 이름은 _____(이)야. 매일 내가 하는 _____(을)를 도와줘. 내가 가장 먼저 만든 발명품은 _____한 괴물 발명 제조기야. 괴물을 만들려면 냄비에다가 _____(와)과 _____(을)를 넣어야 해. 그런 다음에는 온도를 약 _____ 도로 유지하고 _____ 일 정도 기다려야 해. 우리 엄마가 그러시는데, 괴물 발명 제조기는 너무 _____(하)다는 게 단점이래.

네 실험이 점점 더 _____(하)기를 바랄게!

우정을 가득 담아 _____(이)가

엽기 과학 실험 4교시

꿈틀거리는 기다란 뱀을 만들어 보아요.

준비물
종이로 포장된 빨대, 물 1컵

부모님이 도와주세요.

이렇게 해 보아요.

1. 빨대를 포장한 종이 위쪽 끝 부분을 찢어요.
2. 종이를 찢지 않은 반대 쪽으로 포장 종이를 천천히 내려요. 종이가 완전히 쭈글쭈글해질 때까지 아래로 내린 뒤 벗겨 내어요.
3. 포장 종이를 벗겨 낸 빨대를 물컵에 넣어요.
4. 손가락으로 빨대의 위쪽 입구를 막아서 빨대 속에 물이 약간 들어가도록 해요.
5. 빨대 위쪽을 막은 상태로 쭈글쭈글한 종이 끝에 가져가 손가락을 살짝 떼어 빨대에서 물을 한 방울 떨어뜨려요.
6. 꿈틀꿈틀 움직이는 뱀 완성!

변신 괴물 만들기 3

여러 가지 변신 괴물을 만들어 볼까요?
점선을 따라 아래 그림을 가위로 오려 보아요. 오린 종이를 한데 모아
짝을 맞춰 붙이면 아주 멋진 괴물이 탄생할 거예요!

부모님이 도와주세요.

변신 괴물 만들기 4

변신 괴물을 한 번 더 만들어 볼까요?
점선을 따라 아래 그림을 가위로 오려 보아요.
오린 종이를 한데 모아 서로 짝을 맞춰 보아요.
와, 이상하게 생긴 괴물들이 또 탄생했네요!

부모님이 도와주세요.

프래니에게 보내는 편지 2

엽기 과학자가 되고 나니 프래니에게 할 말이 많이 생겼죠? 그럼 다시 편지 한 통을 써 볼까요? 아래 빈칸을 채워 편지를 완성해 보아요.

사랑하는 프래니에게

프래니, 안녕? 내가 이제 막 완성한 _____ 괴물을 소개할게. 이 괴물은 눈이 _____ 개이고, 목 주변에 _____(이)가 달려 있어. 그리고 발은 _____ 모양을 하고 있지. 음식은 고약한 냄새가 나는 _____(을)를 즐겨 먹어. 정말 _____한 괴물이야! 나는 이 괴물의 이름을 _____(이)라고 지었어. 괴물은 지금 _____에서 _____(을)를 하고 있는데 내가 거기 없어도 망원경으로 계속 지켜볼 수 있어. 나는 매일 아침마다 괴물 _____(와)과 내 방 옷장에서 키우는 거대한 동물 _____(와)과 함께 _____(하)는 것을 좋아해. 마음 같아선 지금 당장 너를 만나, 내가 만든 괴물 _____(을)를 보여 주고 싶어. 정말 만나고 싶다.

우정을 가득 담아 _____(이)가

무시무시한 이야기 2탄

프래니는 아주 독특한 괴물을 만들어 친구들과
셀리 선생님에게 보여 주려고 해요.
아래 이야기를 읽고 여러분이 작가가 되어 그 뒤에
어떤 일이 일어날지 이야기를 이어 보아요.

프래니는 씩 웃으며 책상 앞에 앉아 있었어요.
일 초라도 빨리 발표를 하고 싶었죠.
"프래니, 앞으로 나와서 네가 가져온 걸 친구들에게 보여 주겠니?"
셀리 선생님이 말했어요.
프래니는 자신만만한 얼굴로 걸어 나갔어요. 그러고는…….

여러분의 상상력을
마음껏 발휘해서
흥미진진한 이야기를
이어 보아요!

프래니는 아이들에게 어떤 괴물을 보여 주었을까요?

발가락에 무좀을 옮기는 괴물일까요?

점심으로 상어 샌드위치를 먹는 괴물일까요?

눈이 여러 개 달린 괴물일까요?

단어 짜깁기 2

아래 문장에 있는 글자들로 새로운 단어를 만들어 보아요.

프래니의 발명품인 손가락 달린 닭이 정말 사람 잡네요.

정답은 67쪽에 있어요.

괴물 발명왕 수상!

괴물 발명왕이 된 것을 축하합니다! 아래 상장에 여러분의 이름을 적어 예쁘게 꾸민 뒤, 점선을 따라서 오려 내요. 그리고 친구나 부모님 앞에서 '괴물 발명왕' 상장 수상식을 해 보아요.
수상자가 된 것을 마음껏 뽐내 보는 거예요!

부모님이 도와주세요.

정답을 알아보아요

7쪽

젖소가 가장 많이 맞는 매는?
- 음매

젖소가 사는 동네의 이름은?
- 수유동

젖소가 적과 싸우다 졌을 때 하는 말은?
- 내가 졌소

젖소들이 모여서 만든 응원단의 이름은?
- 우유부단

13쪽

14쪽

최고, 폭포, 지도, 가구, 인구, 가을, 요구, 요가, 날줄, 고을, 의지, 고의, 의도, 의인 등이 있답니다. 더 찾아보아요!

거대한 괴물의 끈적끈적한 발가락 사이에 있는 것은?
- 무좀

끈적끈적한 괴물들 사이의 우정을 무슨 우정을 한마디로 표현하면?
- 끈끈한 우정

끈적끈적한 괴물이 마라톤을 잘하는 이유는?
- 끈기가 있어서

흡혈귀가 피를 빨아 먹지 못하는 곳은?
- 해골

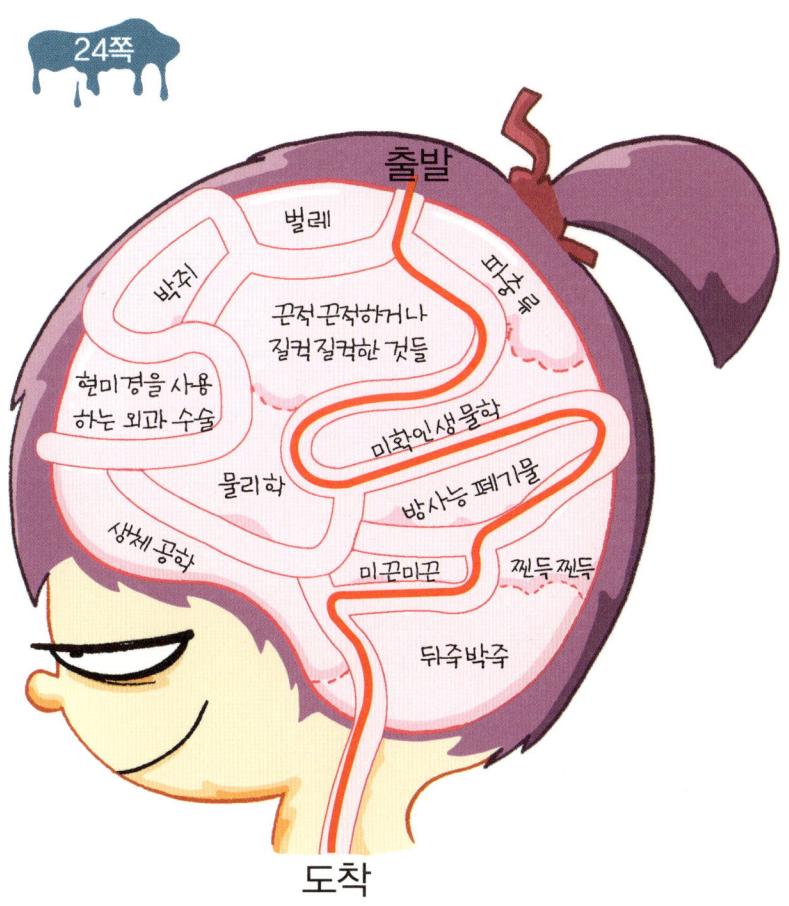

책을 망가뜨리는 일

설탕 뿌린 뱀
고슴도치 팬티
서로 잡아먹는 브로콜리
가슴뼈 잔뜩 박힌 특수 닭고기

괴물이 사는 집의 초인종 벨 소리는?
- 징글벨

귀신이 공동묘지에 갔을 때 드는 기분은?
- 무덤덤하다

물은 물인데 무서워서 먹지 못하는 물은?
- 괴물

괴물이 무서워하는 나라는?
- 칠레

42쪽

해골 귀신이 내는 기침 소리는?
- 골록골록

해골이 목욕탕에서 감자 팩을 하면?
- 뼈다귀 감자탕

해골 귀신이 치과를 가는 이유는?
- 골치 아파서

해골 귀신이 사는 한 칸짜리 방은?
- 골룸

43쪽

거대한 타란툴라 독거미

60쪽

발가락, 의사, 닭 발, 요정, 명품, 정품, 가정, 사정, 달래, 가래 등이 있답니다. 더 찾아보아요!

FRANNY K. STEIN, MAD SCIENTIST ACTIVITY BOOK: MONSTER MAKER by Jim Benton
Copyright © 2006 by Jim Benton www.frannyfstein.com
All rights reserved.
This Korean edition was published by E*PUBLIC KOREA Co., Ltd(Safari) in 2019 by arrangement with J.K. Benton Design Studio, Inc., through KCC(Korea Copyright Center Inc.), Seoul.

이 책의 한국어판 저작권은 ㈜한국저작권센터(KCC)를 통한 저작권자와의 독점 계약으로 ㈜이퍼블릭(사파리)에 있습니다. 저작권법에 의해 한국 내에서 보호를 받는 저작물이므로 무단 전재와 복제를 금합니다.

엽기 과학자 프래니 게임북
❷ 괴물 발명 따라잡기

초판 1쇄 발행일 2008년 10월 1일
개정판 1쇄 발행일 | 2019년 6월 20일

글·그림 | 짐 벤튼
옮김 | U&J
펴낸이 | 유성권
편집장 | 심윤희
편집 | 송미경, 김세영, 김송이
표지 디자인 | 이수빈
본문 디자인 | design od
마케팅·홍보 | 김선우, 김민석, 박희준, 김애정
관리·제작 | 김성훈, 박혜민, 장재균
펴낸곳 | ㈜이퍼블릭
출판등록 | 1970년 7월 28일(제1-170호)
주소 | 서울시 양천구 목동서로 211 범문빌딩
전화 | 02-2651-6121 / 팩스 | 02-2651-6136
홈페이지 | www.safaribook.co.kr
카페 | cafe.naver.com/safaribook
블로그 | blog.naver.com/safaribooks
페이스북 | www.facebook.com/safaribookskr

ISBN 979-11-6057-547-7 | 979-11-6057-552-1 (세트)

* 이 책의 내용 일부 또는 전부를 재사용하려면 반드시 저작권자와 ㈜이퍼블릭 양측의 동의를 얻어야 합니다.
* 사파리는 ㈜이퍼블릭의 유아·아동·청소년 출판 브랜드입니다.
* 이 도서의 국립중앙도서관 출판시도서목록(CIP)은 서지정보유통지원시스템 홈페이지(http://seoji.nl.go.kr)와 국가자료공동목록시스템(http://www.nl.go.kr/kolisnet)에서 이용하실 수 있습니다. (CIP제어번호:CIP2019020231)
* 책값은 뒤표지에 있습니다.

KC마크는 이 제품이 공통안전기준에 적합하였음을 의미합니다.
제조자명 : ㈜이퍼블릭(사파리) | 제조국명 : 대한민국 **사용 연령 : 8세 이상**
종이에 베이거나 모서리에 다치지 않게 주의하세요.